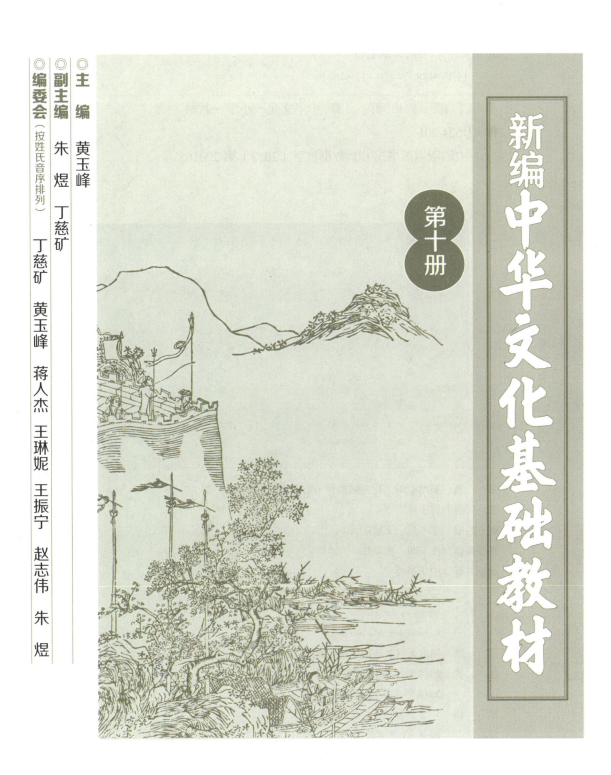

◎ 主 编　黄玉峰

◎ 副主编　朱　煜　丁慈矿

◎ 编委会（按姓氏音序排列）
丁慈矿
黄玉峰　蒋人杰　王琳妮　王振宁　赵志伟　朱　煜

新编中华文化基础教材

第十册

中华书局

图书在版编目（CIP）数据

新编中华文化基础教材.第十册/黄玉峰主编.—
北京：中华书局，2018.3
ISBN 978-7-101-12946-5

Ⅰ.新… Ⅱ.黄… Ⅲ.中华文化—小学—教材
Ⅳ.①624.201

中国版本图书馆 CIP 数据核字（2017）第 290165 号

书　　名	新编中华文化基础教材（第十册）
主　　编	黄玉峰
副 主 编	朱　煜　丁慈矿
责任编辑	祝安顺　熊瑞敏
出版发行	中华书局
	（北京市丰台区太平桥西里 38 号 100073）
	http://www.zhbc.com.cn
	E-mail:zhbc@zhbc.com.cn
印　　刷	湖南天闻新华印务邵阳有限公司
版　　次	2018 年 3 月北京第 1 版
	2018 年 3 月北京第 1 次印刷
规　　格	开本 / 880 × 1230 毫米　1/16
	印张 $3\frac{3}{4}$　字数 40 千字
印　　数	1—3000 册
国际书号	ISBN 978-7-101-12946-5
定　　价	13.80 元

编写说明

一、《新编中华文化基础教材》是响应中共中央办公厅、国务院办公厅《关于实施中华优秀传统文化传承发展工程的意见》及教育部《完善中华优秀传统文化教育指导纲要》指导精神组织编写的中华优秀传统文化教材，一至九年级十八册，高中学段六册，共二十四册。

二、本教材以"立德树人"为教学宗旨，以分学段有序推进中华优秀传统文化教育为目标，注重培育和提高学生对中华优秀传统文化的亲切感和感受力，增强学生对中华优秀传统文化的理解力和理性认识，坚定文化自信。

三、本册教材供五年级下学期使用，包含十课，每课分为四个模块，分别为"开蒙启智""诵诗冶性""博闻广识""趣味文言"。

1."开蒙启智"模块为蒙学经典教学。每课选录古代蒙学经典的文段，辅以亲切简要的提示。内容选择上注重贯彻人格教育，引导学生了解、体会中华优秀传统文化的价值取向与思维模式，进而塑造良好的性格品质与行为方式。

2."诵诗冶性"模块为诗词教学。每课选录适合小学生诵读的经典诗词若干首。古典诗词是中华优秀传统文化的精髓，对于陶冶学生的思想情操，丰富学生的情感体验，提高学生的审美能力等都有重要意义。

3."博闻广识"模块为经典教学。每课选录经传诸子中的经典文段，厚植学生的文化根基。

4. "趣味文言"模块为古文教学。本模块选录富于谐趣的古文小段落，辅以简要的提示，让学生领略文言世界中的乐趣。

本教材之编辑力求严谨，编写过程中广泛征求各界意见，期能以较完备之面貌呈现；然疏漏之处在所难免，敬祈学界先进不吝指正。

编者

2017 年 2 月

目 录

第 一 课

开蒙启智

古人读书很讲究方法，什么先读什么后读，都有学问在里面。

一

大小戴，注《礼记》。
述圣言，礼乐备。

——《三字经》

学与习

"大小戴"指的西汉儒学家戴德、戴圣叔侄，他们分别整理《礼记》，世称《大戴礼记》和《小戴礼记》。《礼记》详尽地记载了前人的礼乐制度。

二

经子通，读诸史。
考世系，知终始。

——《三字经》

学与习

儒家经典和诸子典籍读通之后，就应该读各种史书。史书能帮助我们了解朝代世系，明白王朝的盛衰兴亡之理。

子夜吴歌

〔唐〕李白

长安一片月，万户捣衣声。

秋风吹不尽，总是玉关情。

何日平胡虏，良人罢远征。

学与习

在寂静的夜晚，清幽的笛声随风飞散，叫人如何不思念故乡呢？

李白善于营造清空旷远的氛围。"万户捣衣声" 不是孤音一声，而是此起彼伏，气势浩大，音声朦胧，衬得月亮格外皎洁和清亮。

不贪为宝

宋人或得玉，献诸子罕。子罕弗受。献玉者曰：
"以示玉人，玉人以为宝也，故敢献之。"子罕曰：
"我以不贪为宝，尔以玉为宝，若以与我，皆丧宝也。
不若人有其宝。"

——《左传·襄公十五年》

学与习

一个宋国人得到一块宝玉，要送给大官子罕。子罕不接受。
他说："我把不贪污当作宝贝，你把玉当作宝贝。如果你把玉
送给我，等于我们两人都失去了宝贝。"

读完这段话，子罕给你留下什么印象？

疑邻窃斧

人有亡斧者，意其邻之子。视其行步，窃斧也；颜色，窃斧也；言语，窃斧也；动作态度，无为而不窃斧也。俄而抇（hú）其谷而得其斧。他日复见其邻人之子，动作态度无似窃斧者。

——《列子·说符》

学与习

抇，挖掘，这里是扒开的意思。心中将他人视为小偷，于是对方的一言一行都有了小偷的嫌疑。反之，不视其为小偷，则对方的一言一行都正常了。你说，如何避免这样的心理呢？

第二课

口中诵读，心中思考，这样读书才能有大收获。

一

读史者，考实录。通古今，若亲目。
口而诵，心而惟。朝于斯，夕于斯。

——《三字经》

学与习

这段话告诉我们读史书的方法。首先必须考证翔实可靠的记载，这样才能通达古今，对史实有如亲眼目睹。读史不光要口上诵读，还要在心中思考。从早到晚专注于此，才能学有所成。

二

昔仲尼，师项橐。古圣贤，尚勤学。
赵中令，读鲁论。彼既仕，学且勤。

——《三字经》

学与习

据说孔子曾经求教过年仅七岁的神童项橐（tuó）。古代的圣贤尚且勤奋学习。北宋宰相赵普在做官之后，仍旧认真阅读《论语》，他曾说"半部《论语》治天下"，意思是《论语》中包含了许多治国的道理，他在阅读的过程中受益匪浅。

五岳寻仙不辞远，一生好入名山游，李白写下许多山水诗，而且都是意境开阔，像一幅幅巨大的山水画展现在我们面前。

游洞庭湖

〔唐〕李白

南湖秋水夜无烟，耐可乘流直上天。
且就洞庭赊月色，将船买酒白云边。

望天门山

〔唐〕李白

天门中断楚江开，碧水中流至此回。
两岸青山相对出，孤帆一片日边来。

学与习

让我们回想一下我们学过的古诗或古文里那些描写长江三峡的好句子，再沿着李白诗歌里讲到的天门山、洞庭湖神游一番吧。也许我们再也不可能游三峡了，所以读读古人的诗是一件多么幸福的事呀！

接着读一下《左传》中记载的一位春秋人物的故事。

子产论政宽猛

郑子产有疾。谓子大叔曰："我死，子必为政。唯有德者能以宽服民，其次莫如猛。夫火烈，民望而畏之，故鲜死焉。水懦弱，民狎而玩之，则多死焉，故宽难。"疾数月而卒。大叔为政，不忍猛而宽。郑国多盗，取人于萑苻（huán fú）之泽。大叔悔之，曰："吾早从夫子，不及此。"兴徒兵以攻萑苻之盗，尽杀之，盗少止。

——《左传·昭公二十年》

学与习

子产是春秋时期郑国的大官，他生病之后，对子太叔说："我死之后，你一定会接替我执政。只有有德行的人才能行宽和的政策，否则就不如用严厉的政策。火很猛烈，人们见了就害怕，所以死于火的人很少。水性懦弱，人们喜欢在水中嬉戏，所以死于水的人很多，因此推行宽和的政策很难。"子产病死之后，子太叔接替他担任执政，不忍心执行严厉的政策，就实行了宽和的政策，结果郑国出现了很多强盗，子太叔后悔没听子产的话，连忙派兵剿灭了盗贼，郑国的形势才有所好转。

大 鼠

万历间，宫中有鼠，大与猫等，为害甚剧。遍求民间佳猫捕制之，辄被啖食。适异国来贡狮猫，毛白如雪。抱投鼠屋，阖其扉，潜窥之。猫蹲良久，鼠逡巡自穴中出，见猫，怒奔之。猫避登几上，鼠亦登，猫则跃下。如此往复，不啻（chì）百次。众咸谓猫怯，以为是无能为者。既而鼠跳掷渐迟，硕腹似喘，蹲地上少休。猫即疾下，爪掬顶毛，口龁（hé）首领，辗转争持，猫声呜呜，鼠声啾啾。启扉急视，则鼠首已嚼碎矣。

——《聊斋志异》

学与习

狮猫初进皇宫，见到大老鼠，很谨慎又很机智，斗智不斗力，终于消灭了大老鼠。

9

第 三 课

做好当前的事情，而且要抓紧时间。

一

百岁无多日，光阴能几时？

——《增广贤文》

学与习

生命有限，价值无限，把有限的生命投入到无限的价值创造中去吧！

二

未来休指望，过去莫思量。

——《增广贤文》

学与习

活在当下，珍惜眼前。

亭子，是行人休憩的场所，也是诗人抒发情感的重要载体。

题稚川山水

〔唐〕戴叔伦

松下茅亭五月凉，
汀沙云树晚苍苍。
行人无限秋风思，
隔水青山似故乡。

苏溪亭

〔唐〕戴叔伦

苏溪亭上草漫漫，

谁倚东风十二阑。

燕子不归春事晚，

一汀烟雨杏花寒。

学与习

　　五月，松下的茅草亭里凉爽宜人。天色渐晚，白沙覆盖的汀洲和远处的繁茂树林一片苍茫。路上的行人兴起了无限的思乡之情，此处的青山绿水也仿佛是自己的故乡了。

　　苏溪亭边野草茁长，已是暮春时节。在东风里，斜倚阑干的那人是谁呢？燕子还没有回到旧窝，而美好的春光快要结束了。迷蒙的烟雨笼罩着一片沙洲，料峭春风中的杏花，也失去了晴日下艳丽的容光。

12

西汉时期司马迁写作的《史记》是我国古代一部伟大的历史著作，与《汉书》《后汉书》《三国志》合称为"前四史"。《史记》中记载了很多英雄豪杰的事迹，下面我们来读一读西楚霸王项羽的故事吧。

霸王别姬

项王则夜起，饮帐中。有美人名虞，常幸从；骏马名骓，常骑之。于是项王乃悲歌慷慨，自为诗曰："力拔山兮气盖世，时不利兮骓不逝。骓不逝兮可奈何，虞兮虞兮奈若何！"歌数阕，美人和之。项王泣数行下，左右皆泣，莫能仰视。

——《史记·项羽本纪》

学与习

被重重围困的楚霸王已经到了穷途末路，在军帐中设下酒宴，对着跟随自己的虞姬、宝马，不禁感慨万分，创作了气壮山河而又柔情似水的《垓下歌》，和美人一起唱和告别，这就是著名的"霸王别姬"的故事。关于项羽，你还了解哪些故事吗？和大家一起分享一下吧。

造酒忘米

一人问造酒之法于酒家。酒家曰："一斗米，一两曲，加二斗水，相掺和，酿七日，便成酒。"其人善忘，归而用水二斗，曲一两，相掺和，七日而尝之，犹水也，乃往诮（qiào）酒家，谓不传与真法。酒家曰："尔第不循我法耳。"其人曰："我循尔法，用二斗水，一两曲。"酒家曰："可有米乎？"其人俯首思曰："是我忘记下米！"

噫！并酒之本而忘之，欲求酒，及于不得酒，而反怨教之者之非也。世之学者，忘本逐末，而学不成，何以异于是？

——《雪涛谐史》

学与习

一个人学习酿酒，结果却忘记放米，还抱怨别人不把酿酒方法教给自己。你能说出作者写这个故事的真正意图吗？

第 四 课

胆大心细，道德修养，都要靠磨炼。

一

志宜高而身宜下，胆欲大而心欲小。

——《增广贤文》

学与习

志向高远，脚踏实地，胆大而心细，怎能不所向披靡？

二

芝兰生于深林，不以无人而不芳；
君子修其道德，不为穷困而改节。

——《增广贤文》

学与习

"芝兰"喻"君子"，无论身处怎样的环境，都能保持自己独立的品行、人格、气节。

韦应物想念朋友，想念弟弟，从诗中可以读出真挚的情感。

秋夜寄邱二十二员外

〔唐〕韦应物

怀君属秋夜，散步咏凉天。

山空松子落，幽人应未眠。

17

寒食寄京师诸弟

〔唐〕韦应物

雨中禁火空斋冷，

江上流莺独坐听。

把酒看花想诸弟，

杜陵寒食草青青。

📚 学与习

秋夜的晚上我想念你，散步咏诗天气已凉。空山夜静，松子轻轻掉落，远方的你应该还未入眠。

雨中的寒食节更显得寒冷，我独自坐听江上黄莺的鸣叫。端着酒杯赏花时又想起几个弟弟。寒食时，杜陵这一带已是野草青青了。

有拔山盖世之能的项羽被汉高祖刘邦打败了，那么刘邦为什么能打败项羽呢？有一次，刘邦在洛阳举行酒宴，向大臣们提出这个问题，大臣们回答说，陛下舍得与人分享利益，而项羽却嫉贤妒能，有功不赏，所以您得了天下而他失去了天下。但刘邦却认为另有原因，一起来看看刘邦的说法吧。

刘邦论三杰

高祖曰："公知其一，未知其二。夫运筹策帷帐之中，决胜于千里之外，吾不如子房。镇国家，抚百姓，给馈饷，不绝粮道，吾不如萧何。连百万之军，战必胜，攻必取，吾不如韩信。此三者，皆人杰也，吾能用之，此吾所以取天下也。项羽有一范增而不能用，此其所以为我擒也。"

——《史记·高祖本纪》

学与习

子房就是张良，他与萧何、韩信被称为"汉初三杰"。刘邦认为，自己之所以得天下，是因为自己用了这三位杰出的人才，而项羽虽然有范增这位智谋之士，却不知道用，所以失去了天下。

撞 车

　　有贵公子驾车出游者，策马驰驱，自矜便捷，适与五套大车相撞击，公子颠踣（bó）于车前。因挟父兄势，控诸县官。官廉，得其情，谓之曰："大车果撞小车，公子当仆于后，今公子仆于前，是小车撞大车也。"罚令出赀（zī），为贾人修车费。公子无以辩，惭忿而归。

——《金壶七墨》

学与习

　　你如果没有理解县官的推断，可以画两张图。一张是小车撞大车，一张是大车撞小车。画好再对照文章读一读，就明白了。

第 五 课

看待事物要有独特的视角，那样才能形成自己独特的观点。

一

勿因群疑而阻独见，
勿任己意而废人言。

——《增广贤文》

学与习

尊重他人，坚守自我，矛盾吗？其实这恰恰是自信和谦虚的和谐统一呀！

二

好问则裕，自用则小。

——《增广贤文》

学与习

刚愎自用就是坐井观天，给自己画了个圈圈，人生怎能海阔天空？

乘舟访友，古寺闻钟，都是充满诗意的事。

三日寻李九庄

〔唐〕常建

雨歇杨林东渡头，

永和三日荡轻舟。

故人家在桃花岸，

直到门前溪水流。

题破山寺后禅院

〔唐〕常建

清晨入古寺，初日照高林。

曲径通幽处，禅房花木深。

山光悦鸟性，潭影空人心。

万籁此俱寂，但余钟磬音。

学与习

雨停了，天清气爽。诗人乘船去寻访好友。好友的家就住在溪流岸边，溪岸上有一片桃林，门前有潺潺的溪水流过。

大清早，诗人走进古老寺院，旭日初升，映照着山上树林。竹林掩映的小路通向幽深处，禅房前后的花木繁茂缤纷。山光明媚使飞鸟更加欢悦，潭水清澈令人爽神净心。此时此刻万物都沉默静寂，只留下了敲钟击磬的声音。

你听说过荆轲刺秦王的故事吗？《史记·刺客列传》记载了荆轲的故事，一起来读读吧。

易水送别

太子及宾客知其事者，皆白衣冠以送之。至易水之上，既祖，取道，高渐离击筑，荆轲和而歌，为变徵之声，士皆垂泪涕泣。又前而为歌曰："风萧萧兮易水寒，壮士一去兮不复还！"复为羽声忼慨，士皆瞋目，发尽上指冠。于是荆轲就车而去，终已不顾。

——《史记·刺客列传》

学与习

前面学过唐代诗人骆宾王的《于易水送人》："此地别燕丹，壮士发冲冠。昔时人已没，今日水犹寒。"写的正是《史记》"易水送别"这段故事。试着有感情地朗读这段课文。

正午牡丹（节选）

　　欧阳公尝得一古画牡丹丛，其下有一猫，未知其精粗。丞相正肃吴公与欧公姻家，一见，曰："此正午牡丹也。何以明之？其花披哆（chǐ）而色燥，此日中时花也；猫眼黑睛如线，此正午猫眼也。若带露花，则房敛而色泽。猫眼早暮则睛圆，日高渐狭长，正午则如一线耳。"此亦善求古人笔意也。

　　　　　　　　　　　　　　　　　　——《梦溪笔谈》

学与习

　　披哆，指花瓣散开。欧阳公指欧阳修，正肃吴公指吴育。文中谈到牡丹花和猫在不同时段的特点，既见画工之妙，也见品画人观察之细。大声读几遍，然后去观察一下小猫的眼睛。其实生活中类似的小常识很多，你发现过吗？

25

第六课

做什么事情都要尊重规律。

一

瓜熟蒂落，水到渠成。

——《增广贤文》

学与习

万物生长都有规律，顺其自然、顺应天性。

二

近水知鱼性，近山识鸟音。

——《增广贤文》

学与习

"实践出真知""春江水暖鸭先知"，有实践经验才有发言权哦！

刘禹锡被罢官，返回洛阳，同时白居易从苏州返洛阳，二人在扬州相遇。白居易在宴席上作诗赠与刘禹锡，赞扬刘禹锡的才华，对他的遭遇表示同情。为此，刘禹锡写诗作答。

酬乐天扬州初逢席上见赠

〔唐〕刘禹锡

巴山楚水凄凉地，二十三年弃置身。

怀旧空吟闻笛赋，到乡翻似烂柯人。

沉舟侧畔千帆过，病树前头万木春。

今日听君歌一曲，暂凭杯酒长精神。

竹枝词

〔唐〕刘禹锡

杨柳青青江水平，

闻郎江上唱歌声。

东边日出西边雨，

道是无晴却有晴。

学与习

在巴山楚水这些凄凉的地方，我度过了二十三年沦落的光阴。怀念故友时只能吟诵小诗，如今归来，顿感已非旧时光景。沉船的旁边尚有千艘船驶过，病树的前头仍是万木争春。今天听了你为我吟诵的诗篇，暂且借这一杯美酒振奋精神。

杨柳青青，江面平静，听见江上情郎的歌声。东边日出西边下雨，说是无晴但是还有晴。

博闻广识

明朝人宋应星写的《天工开物》是世界上第一部关于农业和手工业生产的综合性著作。外国学者称它为"中国十七世纪的工艺百科全书"。作者在书中强调人类要和自然相协调、人力要与自然力相配合。书中内容涉及中国古代农业和手工业几十个生产部门的技术和经验，几乎包括了社会全部生产领域。全书按照"贵五谷而贱金玉"的原则排列内容顺序，将与衣食有关的农业置于首位，体现了作者重农、重工和注重实学的思想。全书除文字叙述外，还附有一百二十三幅插图，配以说明，展示生产过程，生动而真实。宋应星在书中还对当时流行的各种迷信神怪、荒诞的说法进行批判，从而在科学技术领域内注入新的科学精神。这是《天工开物》的最大特色，让人们感到耳目一新。

稻（节选）

湿种之期，最早者春分以前，名为社种，（遇天寒有冻死不生者），最迟者后于清明。凡播种，先以稻、麦稿包浸数日。俟（sì）其生芽，撒于田中，生出寸许，其名曰秧。秧生三十日即拔起分栽。若田逢旱干、水溢，不可插秧。秧过期，老而长节，即栽于亩中，生谷数粒结果而已。凡秧田一亩所生秧，供移栽二十五亩。

学与习

我们每天吃的大米就是稻子的果实。相信大家早就通过"谁知盘中餐，粒粒皆辛苦"这样的诗句感受到了农民耕种粮食的辛劳。种水稻真不是简单的事，单是播种，就有很多工序。先要选择合适的时间把种子浸泡数日，然后撒到田里，等长成秧苗，再拔出分插到水田里。如果田里水太多或者水太少，都不能插秧。如果过了时间再插，则会影响收成。了解了这些信息，你一定会更加爱惜粮食。

趣味文言

昼　寝

一学究时时戒弟子勿昼寝。一日，子弟见学究方睡，请曰："先生戒人而自蹈之何也？"曰："吾梦周公耳。"弟子次日故睡，先生蹴之起，曰："吾亦

梦周公。"先生曰："且道周公有何言。"曰："亦无他语，只道昨日实不曾会得先生。"

——《钟伯敬秘笈十五种》

学与习

　　老师让学生不要白天睡觉，可是自己却做不到，结果还被学生的一句话呛住。你能说说，为什么老师会被"只道昨日实不曾会得先生"呛住吗？

第 七 课

开蒙启智

古代有兄弟和睦的故事，也有很多弟兄残杀的事。

一

煮豆燃萁，谓其相害；

斗粟尺布，讥其不容。

——《幼学琼林》

学与习

"煮豆燃萁"说的是曹植七步成诗的故事，比喻骨肉兄弟自相残害。汉文帝的弟弟淮南王刘长谋反，事败后被流放到蜀地，绝食而死。百姓作歌曰："一尺布，尚可缝，一斗粟，尚可春，兄弟二人不相容。"

二

田氏分财，忽瘁庭前之荆树；

夷齐让国，共采首阳之蕨薇。

——《幼学琼林》

学与习

隋朝田氏兄弟分家产，屋前紫荆树都忽然枯萎了；商末伯夷、叔齐互相让位，商朝亡后共同避居首阳山，采薇菜而食。他们兄弟的感情多么真挚啊。

一首写过年，一首写思念，都写得浅近隽永。

元 日

〔北宋〕王安石

爆竹声中一岁除，

春风送暖入屠苏。

千门万户曈曈日，

总把新桃换旧符。

泊船瓜洲

〔北宋〕王安石

京口瓜洲一水间，

钟山只隔数重山。

春风又绿江南岸，

明月何时照我还。

🖋 学与习

　　在宋朝，过新年的时候，要燃放爆竹、喝屠苏酒、更换桃符，加上暖和的春风和和煦的阳光，整首诗中的过年气氛展现得非常充分。

　　诗人路过瓜洲，想起在南京的住处，先说瓜洲离京口和钟山很近，可是现在却去不了。接着发出感叹，春风年年吹绿江南大地，我什么时候才能回去呢？

博闻广识

《天工开物》里介绍了古人是如何造糖的。

蔗 种（节选）

凡甘蔗有二种，产繁闽（mǐn）、广间，他方合并得其十一而已。似竹而大者为果蔗，截断生啖（dàn），取汁适口，不可以造糖。似荻而小者为糖蔗，口啖即棘伤唇舌，人不敢食，白霜、红砂皆从此出。凡蔗古来中国不知造糖，唐大历间，西僧邹和尚游蜀中遂宁，始传其法。今蜀中种盛，亦自西域渐来也。

学与习

读了上面这段话，我们知道果蔗长得像竹子但比竹子大，适合榨汁，不可以造糖。而糖蔗如果用嘴去咬，容易割破嘴唇舌头，适合造糖。作者说中国人在唐朝才学会造蔗糖，其实不对。在唐朝之前，中国人已经学会制蔗糖的技术了。这是有文献可以证明的。古时候收集信息不容易，出现这样的失误也是可以理解的。

齐人病忘

齐有病忘者，行则忘止，卧则忘起。其妻患之，谓曰："闻艾子滑稽多智，能愈膏肓之疾，盍往师之？"其人曰："善！"于是乘马挟弓矢而行。未一舍，内逼，下马而便焉。矢植于土，马系于树。便讫，左顾而睹其矢，曰："危乎，流矢奚自？几乎中我！"右顾而睹其马，喜曰："虽受虚惊，亦得一马。"引辔（pèi）将旋，忽自践其所遗粪，顿足曰："脚踏犬粪，污吾履矣，惜哉！"鞭马反向归路而行。须臾抵家，徘徊门外曰："此何人居？岂艾夫子所寓耶？"其妻适见之，知其又忘也，骂之。其人怅然曰："娘子素非相识，何故出语伤人？"

——《艾子后语》

📖 学与习

读完这个故事，你一定笑坏了吧。生活中如果真有这么健忘的人，可怎么得了！

第 八 课

开蒙启智

《幼学琼林》里有很多典故，很值得读。

一

伯牙绝弦失子期，更无知音之辈。
管宁割席拒华歆，谓非同志之人。

——《幼学琼林》

学与习

锺子期去世后，俞伯牙痛失知音，摔琴绝弦，从此不再弹琴；管宁因华歆贪财羡富，不是志同道合的人，于是割席分坐，拒绝再和他做朋友。

二

陆凯折梅逢驿使，

聊寄江南一枝春；

王维折柳赠行人，

遂唱阳关三叠曲。

——《幼学琼林》

学与习

　　陆凯折梅并赋诗一首，请驿使带给远方的友人，诗中说："江南无所有，聊赠一枝春。"王维折柳写诗赠给将远行的朋友，诗中说："劝君更尽一杯酒，西出阳关无故人。"此诗就成了著名的送别曲"阳关三叠"。

　　这两首诗都写到了望湖楼，而且都是写夏日急雨。多读几遍，比较它们的异同。

六月二十七日望湖楼醉书

〔北宋〕苏轼

黑云翻墨未遮山，

白雨跳珠乱入船。

卷地风来忽吹散，

望湖楼下水如天。

望湖楼晚景

〔北宋〕苏轼

横风吹雨入楼斜，

壮观应须好句夸。

雨过潮平江海碧，

电光时掣紫金蛇。

学与习

　　第一首中写到乌云翻滚，雨点乱溅。可是突然一阵大风吹过，雨停了，湖面变得平静澄澈。而第二首中不仅写到了大雨疾风，还用比喻的方法写到闪电。

40

《天工开物》中，不仅介绍中国的兵器，还将其与外国兵器比较。可见，那时国家之间的交往也是很频繁的。

斤　斧（节选）

凡铁兵薄者为刀剑，背厚而面薄者为斧斤。刀剑绝美者以百炼钢包裹其外，其中仍用无钢铁为骨。若非钢表铁里，则劲力所施，即成折断。其次寻常刀斧，止嵌钢于其面。即重价宝刀，可斩钉截凡铁者，经数千遭磨砺，则钢尽而铁现也。倭（wō）国刀背阔不及二分许，架于手指之上不复欹（qī）倒，不知用何锤法，中国未得其传。

学与习

在铁制的兵器里，薄的是刀、剑，厚的是斧子、砍刀。绝美的刀、剑的表面包裹着千锤百炼打出来的钢，里面用熟铁做骨架。如果不是这样，刀、剑很容易折断。通常用的斧子、砍刀只有刃面上镶嵌了钢，所以就算是贵重的宝刀，用久了，也会将刃面的钢磨光，露出里面的铁来。那时，在中国能见到日本刀。所以作者将其与中国刀剑做了对比。说日本刀刀背宽不足二分，但架在手指上却不会倾倒。可惜，这种刀不知道是怎么造出来的。

你对古代兵器感兴趣吗？网上有各种兵器的图片，可以找来看。

第八课

41

老头子

　　纪文达体肥而畏暑，夏日汗流浃背，衣尽湿。时入值南书房，每出，至值庐，即脱衣纳凉，久之而后出。高宗闻内监言，知其如此，某日，欲有以戏之。会纪与同僚数人方皆赤身谈笑，忽高宗自内出，皆仓皇披衣，纪又短视，高宗至其前，始见之，时已不及著衣，亟伏御座下，喘息不敢动。高宗坐二小时不去，亦不言。纪以酷热不能耐，伸首外窥，问曰："老头子去耶？"高宗笑，诸人亦笑。高宗曰："纪昀无礼，何得出此轻薄之语，有说则可，无说则杀。"纪曰："臣未衣。"高宗乃命内监代衣之，匍匐于地，高宗厉声继问"老头子"三字何解。纪从容免冠顿首谢曰："万寿无疆之为老，顶天立地之为头，父天母地之为子。"高宗乃悦。

——《清稗类钞》

学与习

纪昀就是纪文达，是乾隆帝的宠臣。读了这个故事，纪昀给你留下什么印象？

第 九 课

笔砚和铜钱的别名，很形象，你说呢？

一

管城子，中书君，悉为笔号；
石虚中，即墨侯，皆为砚称。

——《幼学琼林》

学与习

管城子、中书君都是毛笔的别号；石虚中、即墨侯都是砚台的各种不同称呼。

二

曰孔方，曰家兄，俱为钱号；
曰青蚨，曰鹅眼，亦是钱名。

——《幼学琼林》

学与习

孔方兄、家兄都是钱的别称。青蚨（fú）、鹅眼也是钱的称呼。

高明的写景，往往是动中有静，静中有动。

三衢道中

〔南宋〕曾几

梅子黄时日日晴，
小溪泛尽却山行。
绿阴不减来时路，
添得黄鹂四五声。

江村晚眺

〔南宋〕戴复古

江头落日照平沙，

潮退渔船阁岸斜。

白鸟一双临水立，

见人惊起入芦花。

学与习

　　梅子黄熟，天气晴好，乘小舟来到了小溪尽头，再改走山路前行。山路上树荫浓密，树丛中不时传来黄鹂的欢鸣。

　　夕阳笼罩江边沙滩。潮水退了，渔船倾斜着靠在岸边。一对白色水鸟停在江中。听到有人来，就警觉地飞入芦苇丛中。

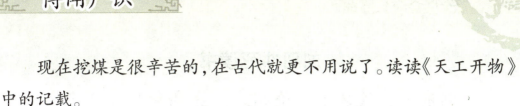

现在挖煤是很辛苦的，在古代就更不用说了。读读《天工开物》中的记载。

煤　炭（节选）

凡取煤经历久者，从土面能辨有无之色，然后掘挖，深至五丈许，方始得煤。初见煤端时，毒气灼人。有将巨竹凿去中节，尖锐其末，插入炭中，其毒烟从竹中透上，人从其下施镢（jué）拾取者。或一井而下，炭纵横广有，则随其左右阔取。其上支板，以防压崩耳。

学与习

长期采煤的人，能从泥土的表面辨别出地下是否有煤，然后挖到五丈深，才能发现煤。刚见到煤时，地下冒出的毒气会灼伤人。有经验的采煤工人会将竹筒末端削尖，插到煤层里，排出毒气。如果地下的煤层向旁边纵横延伸，工人就会支起木板，防止矿洞坍塌。

你知道现在是怎么采煤的吗？找出相关资料，与古代的采煤方法比较一下。

第九课

刘羽冲死读书

刘羽冲，佚其名，沧州人。先高祖厚斋公多与唱和，性孤僻，好讲古制，实迂阔不可行……偶得古兵书，伏读经年，自谓可将十万。会有土寇，自练乡兵与之角，全队溃覆，几为所擒。又得古水利书，伏读经年，自谓可使千里成沃壤。绘图列说于州官。州官亦好事，使试于一村。沟洫甫成，水大至，顺渠灌入，人几为鱼。

由是抑郁不自得，恒独步庭阶，摇首自语曰："古人岂欺我哉！"如是日千百遍，惟此六字。不久发病死。

——《阅微草堂笔记》

学与习

与纪昀相比，刘羽冲真是太不聪明了，只知道死读书。他用古代的兵法打战，用古代的水利书指导兴建水利设施，而不考虑当下的情况，怎么能成呢？

第 十 课

这些典故中的人物，你可能不太熟悉，但是里面讲的道理还是可以学的。

一

田骄贫贱，赵别雌雄。

——《龙文鞭影》

学与习

田子方是魏文侯的老师，魏文侯的太子向他行礼，他不回礼。太子很生气，问："是富贵的人有资格傲慢呢？还是贫贱的人有资格傲慢呢？"田子方回答："当然是贫贱的人有资格傲慢了。富贵之人一旦傲慢，做诸侯的会失去他的国，做大夫的会失去他的家。贫贱之人给国君提意见，国君不听，大不了走就是了。"

东汉末年的赵温说了一句很有名的话："大丈夫当雄飞，安能雌伏！"意思是说大丈夫就应该像老鹰一样高飞，哪能像野鸡一样窝着。

二

义伦清节，展获和风。

——《龙文鞭影》

　　宋代的沈义伦跟随军队入蜀，回来的时候，行李里面只有几本书，没有别的钱财，太祖提拔他为枢密副使。展获字子禽，一字季，春秋时期鲁国柳下邑人，谥号为惠，所以后人称他为柳下惠。有时也称柳下季。孔子、孟子都对他十分推崇。但他的弟弟盗跖（zhí）名声不太好，是有名的大盗。

诵诗冶性

　　北宋被金国灭亡后，宋朝皇族又在南方建立一个朝代，史称南宋。陆游就生活在南宋时期。南宋政权没有能力收复北方失地。陆游的很多诗篇都涉及这个主题。

秋夜将晓出篱门迎凉有感

〔南宋〕陆游

三万里河东入海，

五千仞岳上摩天。

遗民泪尽胡尘里，

南望王师又一年。

十一月四日风雨大作

〔南宋〕陆游

僵卧孤村不自哀，

尚思为国戍轮台。

夜阑卧听风吹雨，

铁马冰河入梦来。

学与习

　　第一首陆游先写气势磅礴的华山与黄河，再写北方老百姓被异族统治，渴望宋军收复失地的痛苦。

　　第二首陆游写自己虽然已经老迈，但是仍想着为国守卫边疆，击退侵略者。甚至在梦中，都在骑马破敌。

中国是茶的故乡，中国人饮茶已经有数千年的历史。在古代，饮茶不仅是为了解渴、提神，而且有相应的讲究，形成了一种独特的艺术。古人还留下了很多关于茶的著作。唐朝人陆羽的《茶经》，是中国乃至世界现存最早、最完整、最全面介绍茶的第一部专著，被誉为茶的百科全书。书里记载了茶叶生产的历史、制茶方法、茶具、用水以及饮茶技艺、茶道原理等。同学们，你们现在可能还没有饮茶的习惯，等你们长大了，某一天与朋友泡茶聊天时，或许会想起小时候读过的这些《茶经》片段。

茶之源（节选）

茶者，南方之嘉木也。一尺二尺，乃至数十尺。其巴山、峡川有两人合抱者，伐而掇（duō）之。其树如瓜芦，叶如栀（zhī）子，花如白蔷薇，实如栟榈（bīng lú），蒂如丁香，根如胡桃。

学与习

茶，是我国南方的优良树木。它高一尺、两尺，乃至几十尺。在巴山、峡川一带，有的茶树干粗到需要两人才能合抱，要将树枝砍下来，才能采摘到芽叶。茶树的树形像瓜芦，叶子像栀子，花像白蔷薇，种子像棕榈，叶柄像丁香，根像胡桃。

你见到的茶叶是什么样子的？能描述一下吗？

茶之造（节选）

茶之牙者，发于丛薄之上，有三枝四枝五枝者，选其中枝颖拔者采焉。其日有雨不采，晴有云不采。晴采之。蒸之，捣之，拍之，焙之，穿之，封之，茶之干矣。

学与习

制茶是不容易的。老枝上会长出三枝、四枝、五枝的茶叶嫩芽，采茶人会选择其中长得挺拔的采摘。采摘的规矩很多，当天有雨不采，晴天如果有云也不采，没云的晴天才能采。采摘下的芽叶，把它们蒸熟，捣烂，放到模具里，用手拍压成一定的形状，接着焙干，最后穿成串，包装好，茶就可以保持干燥了。

第十课

狂 泉

　　昔有一国，国中一水，号曰"狂泉"。国人饮此水，无不狂，唯国君穿井而汲，独得无恙。国人既并狂，反谓国主之不狂为狂。于是聚谋，共执国主，疗其狂疾。火艾、针、药，莫不毕具。国主不任其苦，于是到泉所酌水饮之。饮毕便狂。君臣大小，其狂若一，众乃欢然。

——《宋书·袁粲传》

学与习

　　整个国家里，只有国君不是疯子，可是最后他也疯了。你知道他是怎么疯的吗？这是一个可怕的故事，你知道它可怕在哪里吗？